옐언니의 반짝반짝 아이돌 패션

톡톡 튀는 매력 가득한 옐언니를 만들어 봐, 아-핫!

유튜브 구독자 440만 명

틱톡 구독자 1,380만 명

옐언니 특별 사인

옐언니 채널로 놀러와!

종이 인형 놀이를 더 재미있게 즐기는 방법

1단계 옐언니가 직접 체험한 〈옐언니 옷입히기〉 게임 영상 시청!

2단계 옐언니의 코디 포인트와 패션 기록을 확인하고 종이 인형 놀이하기!

옐언니의 스타일링 코멘트를 확인해요.

예쁘게 오린 뒤 종이 인형 놀이해요.

3단계 〈옐언니 옷입히기〉 게임 다운로드 후 나만의 옐언니를 만들기!

멋진 코디 기대할게!

안드로이드 다운로드

아이폰 다운로드

1

테두리 선을 따라 가위로 캐릭터와 옷을 오려요.

2

고정띠를 넣어 줄 회색 선을 칼로 잘라요.

3

옷의 고정띠를 회색 선 안에 넣은 뒤 접어요.

뒤에서 보면 이런 모양이에요.

4

테이프로 고정띠를 고정해도 좋아요.

발을 고정한 상태에서 신발의 고정띠를 접어 줘요.

5

액세서리의 고정띠를 회색 선에 넣거나
접어서 꾸며요.

6

다양한 옷을 바꿔 입히며 놀이해요.

7

소품을 캐릭터 위에 올려 놓아요.
★양면테이프로 옷에 붙여도 좋아요.

더 재미있게 즐기는 꿀팁!

✓ 옐언니 드레스룸에 정성껏 오린
옐언니 종이 인형 캐릭터와 옷을
보관해요.

✓ 멋진 배경판에 옐언니 종이
인형을 세워 두고 놀이해요.

✓ 가위를 사용할 때는 손을 다치지
않게 조심하세요.

✓ 선을 따라 오리기 힘든 부분은
어른의 도움을 받거나 여유
공간을 두고 오려도 돼요.

 차례

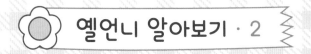
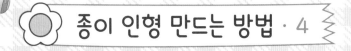

옐언니와 아이돌 패션 체크

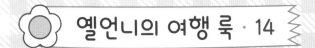

종이 인형 코디

특별 부록

옐언니의 공항 룩

코디 포인트

공항엔 역시 꾸민 듯 안 꾸민 듯
패션! 스타일리시한 안경과
귀여운 스웨터 조합으로
꾸러기 공항 룩 완성!

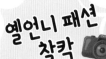 옐언니 패션 찰칵 📷

귀여운 스웨터와 테니스 치마가 포인트!

시원한 민소매와 분홍 바지가 포인트!

옐언니의 하이틴 룩

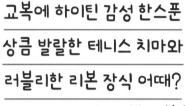

코디 포인트

교복에 하이틴 감성 한스푼
상큼 발랄한 테니스 치마와
러블리한 리본 장식 어때?
드라마에 나오는 예쁜 교복을
입는 느낌이야!

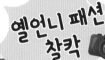

옐언니 패션
찰칵 📷

귀여운 대왕 리본과
분홍 체크 치마가 포인트!

예쁜 하늘색 가디건이 포인트!

옐언니의 러블리 룩

코디 포인트

모두 다 이뤄져라!

세일러복 스타일의 러블리한

마법 소녀 룩! 장갑까지 끼면

완벽한 반짝반짝

마법 소녀가 된다쿠~!

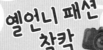
옐언니 패션 찰칵 📷

러블리 마법 소녀로 변신!

청순한 햐얀 리본과 풍성한 노란색
드레스가 포인트!

코디 포인트

두근두근 오늘의 패션은

키치한 크롭 야구 점퍼에

발랄한 양갈래 머리!

개성 넘치는 트렌디 룩에

도전해 보자!

옐언니 패션 찰칵 📷

빨간색 야구 점퍼와
양갈래 머리가 포인트!

하트 로고 티셔츠와
리본 달린 치마가 포인트!

옐언니의 데일리 룩

코디 포인트

편한 후드티에 귀여운 키링이

달린 백팩! 운동화에

편한 모자까지 써 주면

힙한 일상 룩 완성!

옐언니 패션 찰칵 📷

편한 후드티에 키링 달린 백팩이 포인트!

청순한 하얀 원피스에
빨간색 리본으로 포인트!

옐언니의 상큼 발랄 룩

코디 포인트

상큼한 체크무늬 머리띠에
치마도 체크무늬로 통일!
마무리는 가죽 재킷으로
멋지게 입어 보자!

옐언니 패션 찰칵 📷

노란 체크무늬 치마에
멋진 가죽 재킷이 포인트!

상큼 상큼한 머리띠와
노란 원피스가 포인트!

옐언니의 여행 룩

─ □ ✕

YELL

코디 포인트

여행이다~!!

옐언니가 좋아하는

노란색 수영복에

분홍 튜브를 들고

바다로 가 보자!

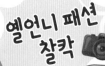

옐언니 패션
찰칵 📷

발랄한 노란 수영복에
내왕 분홍색 튜브!

귀여운 밀짚모자와
멜빵바지가 포인트!

나만의 옐언니를
만들러 출발~!
아-핫!

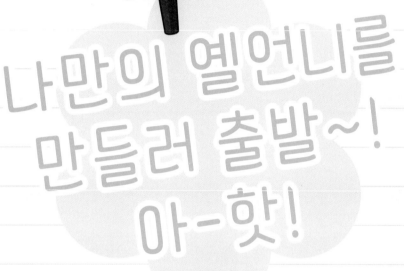

옐언니

ICECREAM

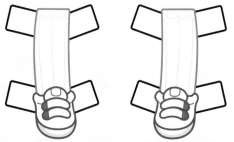

옐언니

캐주얼한 데일리 룩 ②

SUMMER VACATION

35

발랄한 상큼 룩 1

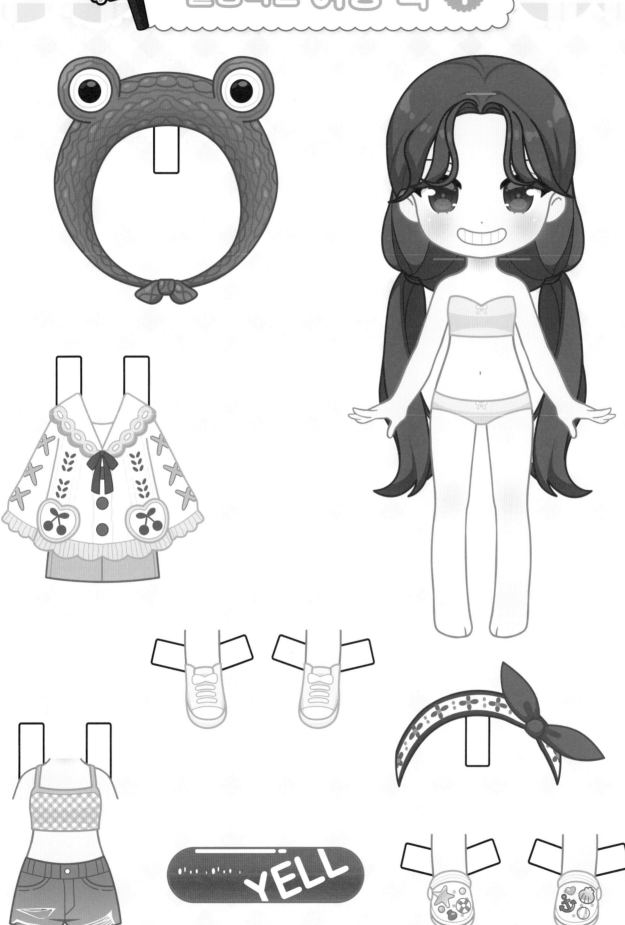

YELL

옐언니의 드레스룸

드레스룸을 오리고 풀칠하는 부분을 접어
드레스룸 양면을 붙여 종이 인형과 옷을
보관해요.
—— 오리는 선   - - - 접는 선

옐언니

오리는 선

접는 선

풀칠하는
곳

풀칠하는 곳

풀칠하는 곳

풀칠하는
곳

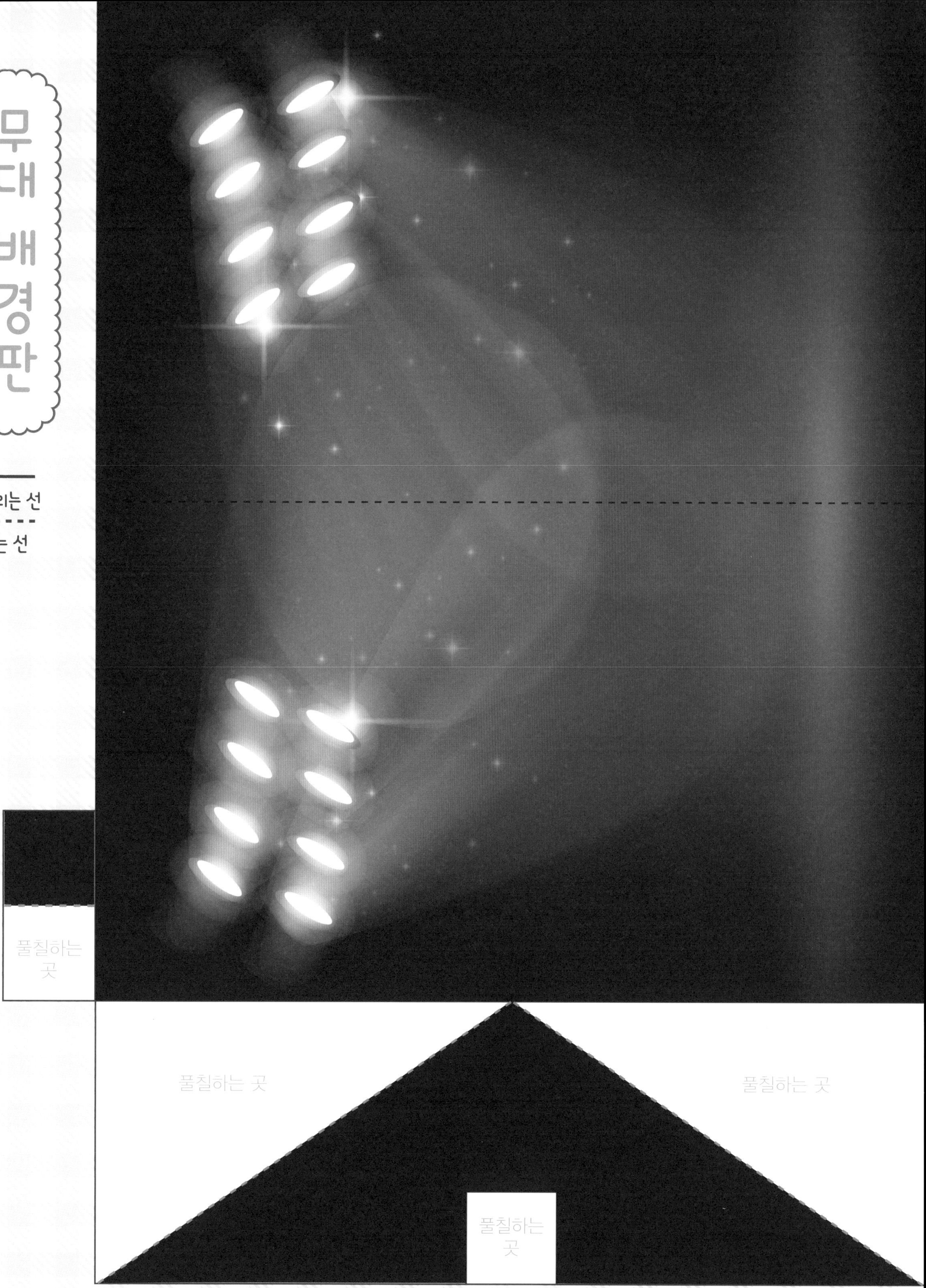

상큼 배경판

오리는 선
접는 선

SISTER YELL

풀칠하는 곳

풀칠하는 곳

풀칠하는 곳

풀칠하는
곳